AF494114

L'ENGAGEMENT

L'ENGAGEMENT

SCÈNES EN VERS

PAR

PHILOXÈNE BOYER

REPRÉSENTÉES POUR LA PREMIÈRE FOIS LE 15 AVRIL 1854

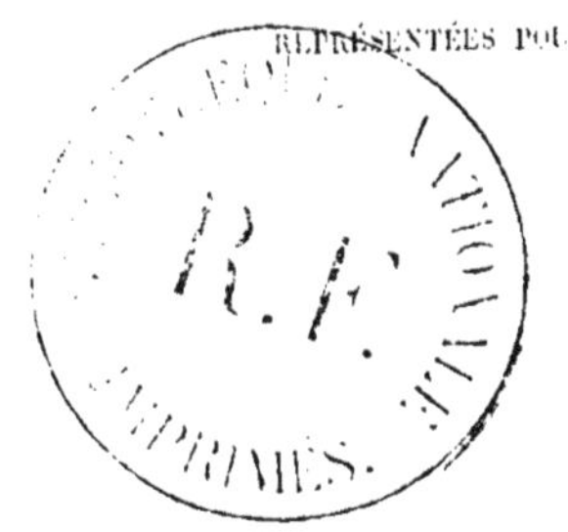

PARIS

IMPRIMÉ PAR J. CLAYE ET Cᵉ

RUE SAINT-BENOIT, 7

DÉCEMBRE 1854

DÉDICACE

A ***

MADEMOISELLE,

Les maux que j'ai traduits dans ce drame vous sont inconnus. Vous qui vivez dans cette société tranquille où La Douleur n'est acceptée qu'à la condition d'être élégante, vous qui connaissez le théâtre seulement par les soirées éclatantes où les vers des poëtes s'épanouissent sur les lèvres des acteurs inspirés, vous ne devinez pas même le monde des misères, vous ne soupçonnez pas les tourments de l'ouvrier en qui s'incarnent les conceptions de l'artiste. Et cependant, Mademoiselle, c'est à vous que je dédie cette élégie écrite à propos d'une âme souffrante. Vous qui vous êtes assimilé par l'aspiration et par l'extase les célestes vaillances de la nature archangélique, ne devez-vous pas avoir pitié de tous les martyres et laisser tomber, de votre paradis, une larme sur l'enfer où ils meurent? Vous qui, dès les premières aurores de votre adolescence inquiète, avez supporté si virilement la fatigue de tant de combats et l'orgueil de tant de victoires; vous que Shakspeare a adorée, au temps où vous vous nommiez Rosalinde, vous que Scott a vue passer dans les bruyères, rapide sur le dos de la haquenée fougueuse, au temps où vous vous appeliez Diana Vernon; vous que Balzac a retrouvée à Ingouville dans la maison Mignon, pleurant sur les vers de Canalis; vous qui auriez été Gulnare pour Conrad et Bettina Brentano pour Goëthe; vous que j'évoque superbe, dédaigneuse et charmante, toutes les fois que l'orchestre d'Auber raconte en mélodies ironiques les aventures des princesses amoureuses; vous que Watteau eût placée au centre de sa Cythère mélancolique, avec les cruautés félines de vos vertes prunelles éclairées de rose, avec les ardentes rougeurs de vos lèvres si fières, avec le flot de vos cheveux effilés autour de vos tempes comme une auréole terrestre; vous la muse-amazone en qui les forces inspiratrices de la virginité domptée révèlent toutes les hardiesses de l'esprit moderne, — ne soyez pas trop sévère pour ma pauvre Jeanne. Hélas! elle est timide, elle se sent laide, elle arrange disgracieusement ses bandeaux d'un blond pâle, ses joues sont flétries de taches rousses, et sa robe dissimule mal de maigres contours. Tout au plus faut-il lui supposer l'attrait d'une de ces figures souffreteuses que Tassaert peint et que Sainte-Beuve analyse. Accueillez-la pourtant, parlez-lui doucement, comme à une sœur mourante dont vous pouvez consoler l'agonie, et pour qu'elle apprenne à vous ressembler, enseignez-lui les odes des poëtes que vous aimez.

PH. B.

Les quelques scènes qui suivent méritaient-elles d'être tirées du numéro de journal où elles furent imprimées lors de la représentation? Malgré la critique bienveillante de quelques poëtes, malgré la sympathie encourageante de quelques femmes, je reste dans le doute. Méry me disait, après lecture : « Enfant prodigue, vous aviez sous la plume cinq actes de drame, et vous vous tenez quitte après deux cents vers ! » Était-ce bien là un éloge ? et, — Sobriété, — n'est-ce pas une façon polie pour signifier : Impuissance? Seulement, comme ce petit drame est le résultat d'une émotion vraie, je le garde et je lui donne cette forme à peu près durable du livre, parce qu'à mon sens les gens bien nés doivent ensevelir honnêtement tous les sentiments qui les ont fait vivre.

Au reste, j'ai peut-être eu tort d'écrire cet *Engagement*. Les rares spectateurs de cette comédie de paravent ont dû se méprendre sur le motif qui me l'a dictée. J'avais relu ce sublime quatrième acte d'*Angelo*, où la Tisbe mourante raconte avec des plaintes si désespérées les lenteurs de son agonie. J'avais sans doute aperçu plutôt que contemplé une tête rêveuse de jeune fille, condamnée, malgré son ennui, à ce métier banal et demi-honteux du théâtre. Inspirée par de tels souvenirs et par un tel tableau, restreinte dans ce cadre d'affection et de miséricorde, l'œuvre avait le droit d'exister comme toutes les odes, comme tous les produits directs d'une préoccupation personnelle. Mais je serais désolé qu'on pût m'accuser d'avoir contribué pour ma part à la canonisation des princesses de coulisse, les plus laides, les plus sottes créatures que je connaisse. En général, les débutantes entrent au théâtre, non pas du tout pour préserver leur mère de la misère, mais pour apprendre des rôles d'amoureuse et pour ne point apprendre l'orthographe. Elles ne regrettent point cet Octave fantastique que j'ai mal à propos imaginé; elles espèrent des robes voyantes, et voilà tout

J'avais besoin de dire cela, parce que je suis très-las des exceptions et de ceux qui les préconisent, parce que je crois qu'on doit être artiste désormais uniquement pour apaiser les douleurs sincères et pour exciter les joies légitimes. Nous n'avons pas le droit de verser notre poésie aux pieds des funambules et des tragédiennes, tant que les vierges tourmentées de leurs dix-sept ans attendront nos vers pour se consoler de la vie et pour éclairer avec notre idéal les horizons sévères du Devoir.

Decembre 1851.

L'ENGAGEMENT

PERSONNAGES

JEANNE.	Mlle JUDITH.
UN DIRECTEUR DE THÉATRE.	M. BERTIN.
UN GARÇON DE THÉATRE.	M. ALBERT.

L'ENGAGEMENT

La scène se passe à Paris, au printemps de 1851, dans une chambre pauvrement meublée. Il est dix heures du matin. L'orchestre joue en sourdine *Les Plaintes de la Jeune Fille* de Schubert.

SCÈNE PREMIÈRE

JEANNE, LE DIRECTEUR.

LE DIRECTEUR

Ainsi, Mademoiselle, et sans plus rien débattre,
Vous voilà tout à fait conquise à mon théâtre !
Paris va, saluant une actrice de plus,
Ranger votre nom jeune entre les noms élus

Obscure hier, demain sous le soleil du lustre,

Vous me referez riche en vous faisant illustre;

Heureux engagement, qui contente à la fois

Vous, votre pauvre mère et ma caisse aux abois;

Papier miraculeux, qui sauve les affaires

Du drame qui se meurt et des commanditaires!

Il se lève en prenant son chapeau.

JEANNE.

Vous espérez trop vite et vous voyez trop loin,

Monsieur; de mon secours l'art n'a guère besoin,

Et j'estime, pour moi, que vous seriez peu sage

D'engager ses destins sur mon apprentissage!

Quoi! pour un rôle ou deux plus ou moins mal creusés,

Ces lauriers trop hâtifs que vous me prédisez!

Revenons au réel, et laissons le caprice :

Je voulais du travail, et je me fais actrice,

Non pas pour éveiller un éloge banal

Aux feuillets profanés de quelque grand journal ;

Non pas par appétit de gloire, par chimère,

Mais afin d'assurer l'existence à ma mère.

D'ailleurs, au bord du nid oiseau trop tôt venu,

Qu'importe ma chanson ?

LE DIRECTEUR.

Vous êtes l'inconnu,

Vous avez dix-huit ans au plus, vous êtes belle,

Vous charmez comme charme une chose nouvelle,

Avec votre front chaste et votre œil où s'empreint

Ce rayon virginal que la foule aime et craint.

Demain autour de vous une rumeur immense
Surgit de cent côtés....

JEANNE, *à part et douloureusement.*

Oh ! la honte commence !

LE DIRECTEUR.

Ah ! nous dépasserons dans l'avenir certain,
Tes succès fabuleux, ô Porte-Saint-Martin !
Ambigu, tu gémis ; triste Gaîté, tu pleures !
Notre Jeanne a tout pris !

Regardant sa montre.

Mais quoi, voilà dix heures !
Vingt feuilletons, par moi priés à déjeuner,
Sur mes retardements, en chœur vont bourdonner ;

Ne compromettons pas leur zèle hebdomadaire
En laissant trop longtemps attendre le madère.
Adieu, Mademoiselle.

Il salue et sort.

SCÈNE DEUXIÈME

JEANNE, seule.

Il se fait un moment de silence, puis Jeanne avec un cri

Hélas! il l'a fallu;
Je le voulais, ma mère, et toi, tu l'as voulu!
Tu n'as pas accepté pour le sort de ta fille
Les repos travailleurs du foyer et l'aiguille,
La cage aux fils d'argent, pleine de chants d'oiseau,
Et le lit dans un coin, succédant au berceau!
Non! cette pacifique et simple destinée

D'un respect assidu toujours environnée,
Cette route facile, à l'abri de l'écueil,
Tu me l'as déniée en ton sublime orgueil !
Tu n'as pas défendu la triste enfant troublée
Contre l'enchantement de la muse étoilée ;
Et j'ai dormi mon rêve, et voici qu'au réveil,
Veuve de mon loisir, veuve de mon soleil,
Je reste condamnée aux factices lumières
Et n'ai plus une larme à moi dans mes paupières !

Elle va vers la fenêtre.

Comme ce jour est calme, et comme vers midi,
Le printemps joyeux parle à mon cœur attiédi !
Sur le quai, tout est fête et gaîté du dimanche ;
Une ouvrière passe avec sa robe blanche,
Et la Seine, à son peuple étalant son trésor

Aux nuages dorés arrange un miroir d'or!

Oh! je voudrais aussi m'égarer par la ville!

Roses de Fontenay, lilas de Romainville,

Boutons d'azur brodés sur l'herbe de Meudon.

Oh! je voudrais aussi vous moissonner! Mais non,

J'appartiens au théâtre, et le vent qui se joue

Dans les bois embaumés, pourrait ternir ma joue;

Mon pouls battrait trop fort si je voulais monter

Les coteaux tout en flamme, et je pourrais gâter

Dans mes chers entretiens avec la solitude,

Ma voix que j'ai vendue au drame..... ô servitude!

Elle redescend la scène.

Ah! quel ennui de voir et de toujours revoir,

Quand tout est lumineux, cet antre où tout est noir;

Le théâtre, lieu morne aux approches funèbres,

Porte qui s'ouvre à l'heure où montent les ténèbres ;
Le théâtre, mensonge organisé, bazar
Où se fait le trafic quotidien de l'art ;
Le théâtre qui traîne, exécuteur morose,
Les vierges à l'amour, le poëte à la prose !
Et c'est mon lot à moi, moi, doux esprit fervent,
Que le Seigneur créa pour bénir en rêvant
Tout ce qu'il a versé de promesses divines
Dans la tranquillité des secrètes ravines !
Moi, la sauvage enfant des monts et de la mer,
Moi, qui voulais la grève et son sanglot amer ;
Moi, pour qui la forêt, sous ses vertes arcades,
Eût mieux redit l'écho prolongé des cascades,
Le théâtre m'enchaîne à son métier charnel,
Et je n'ai plus ma part du spectacle éternel !

Qu'importe cependant ? Bienveillante nature,
Tu ne délaisseras jamais ta créature !
Je sentirai la lèvre, abondante en souris,
Me rafraîchir, parmi les fanges de Paris,
Si ma mere est heureuse à voir la renommée
D'un reflet plus ardent couvrir sa bien-aimée,
Et si, pour compenser mon univers perdu,
L'amour du fiancé m'est désormais rendu !
Octave ! j'en suis sûre, il m'aura bien comprise,
Il quitte son école et sa Bretagne grise,
Il vient tenter ici, près de moi, son combat !
O fierté ! moi guerrière auprès de lui soldat !
O douceur ! la maison où chacun s'encourage
A faire austèrement et simplement l'ouvrage ;
Où l'épouse, acceptant sa part dans le bonheur,

Exige en même temps sa part dans le labeur !

Quelqu'un monte, mon sein frémit, c'est lui peut-être !

Je n'avais donc pas tort, mon Dieu !

Elle s'élance vers la porte.

SCÈNE TROISIÈME

JEANNE, UN GARÇON DE THÉATRE.

LE GARÇON DE THÉATRE.

C'est une lettre
Qu'un homme, tout en noir, m'a remise pour vous ;
Il a des cheveux longs, un air triste, un œil doux,
Et m'a presqu'en pleurant demandé votre adresse
D'une voix incertaine.

JEANNE, à part et avec stupeur.

O réveil de l'ivresse !

C'est lui, lui dans Paris, Octave ! Mais pourquoi

M'écrire ?

Au garçon de théâtre.

Laissez-moi bien vite, laissez-moi !

SCÈNE QUATRIÈME

JEANNE, seule.

Elle lit la lettre en l'entrecoupant de gémissements.

« Jeanne, rappelez-vous la douloureuse histoire
« Du messager qui tombe en s'écriant : « Victoire ! »
« Songez aux coureurs morts comme ils touchaient au but ;
« Aux marins naufragés en face du salut !
« Jeanne, j'ai retrouvé ces antiques supplices,
« Je respirais déjà l'avant-goût des délices :
« Chère, en ton seul amour je m'étais retiré,
» Et maintenant, il faut te fuir, désespéré !

« Car l'amour mutuel est mort : ma main jalouse
« Ne saurait pas à tous étaler mon épouse ;
« Je reverrais toujours la maison du Croisic,
« Je n'accepterais pas pour rival le public,
« Je souffrirais d'entendre un bravo qui profane,
« Et je maudirais ceux qui te nommeraient Jeanne !
« Tu préfères le lustre au soleil du bon Dieu,
« La coulisse à l'amant, va, sois heureuse, adieu ! »

Jeanne se cache la tête entre les mains, puis avec un élan douloureux.

Octave ! ma dernière espérance ravie !
Le silence implacable, à l'entour de ma vie !
Le fiancé d'hier, aujourd'hui résigné
A l'abandon sans terme ! Hélas ! il l'a signé !
Il aime mieux la vie au seuil de sa cabane,
Avec une pieuse et rude paysanne ;
Il aime mieux la femme assise au vieux rouet,

Et les enfants jouant où le père jouait !
Il lui faut les douceurs d'une existence vraie,
Et mon déguisement continuel l'effraie !

Elle pleure.

Tout sanglote et tout saigne en moi ! Tu comprendras
Peut-être un jour, Octave, et tu regretteras,
Mais trop tard ; ma blessure aura sa cicatrice,
Et tu m'auras forcée à n'être plus qu'actrice !

Elle se redresse et avec exaltation :

Eh bien, puisque tu fais, sous cette cruauté,
Mourir l'illusion de ma virginité ;
Puisque tu m'as appris qu'un ouvrier est lâche
Quand il cherche une joie en dehors de sa tâche ;
Puisque je reste seule avec mon art et Dieu,
Je te pardonne, Octave, et te rends ton adieu :
Adieu ! ma passion éternellement triste,

Crucifiant la femme, agrandira l'artiste !

Plus d'anneau nuptial et plus d'enfants joyeux !

Mais vous me resterez, conseillers sérieux !

Mais vous me tendrez, vous, votre main familière,

O poëtes sacrés, ô Shakspeare, ô Molière !

Mais je pourrai, malgré les deuils intérieurs,

Rendre aux oisifs l'amour, le rire aux travailleurs !

Aux désastres du cœur, le cœur devient plus tendre,

Et si j'ai plus souffert, je saurai mieux répandre

Dans les cerveaux où bout la jeune puberté,

Les fièvres du Désir et de la Liberté !

Elle s'élance hors de scène. Le rideau tombe.

www.ingramcontent.com/pod-product-compliance
Ingram Content Group UK Ltd.
Pitfield, Milton Keynes, MK11 3LW, UK
UKHW020508180726
13839UKWH00004B/1965

9 782329 590882